So lacht der schwarze Mann

AF209247

Konrad Wildner
So lacht der schwarze Mann
Witzesammlung

© 2003 konrad wildner
e-mail: konrad.wildner@t-online.de

Herstellung und Verlag: Books on Demand GmbH, Norderstedt
ISBN 3-8334-0167-2

Inhalt

Vorwort

Als ich vor einigen Jahren beim Besuch der
Buchmesse in Frankfurt an den Stand eines
Verlages kam, welcher über fast alle Berufe
eine Buch mit Witzen hatte, jedoch über den
Beruf des Schornsteinfegers es allerdings
noch kein Buch gab, entstand der Gedanke,
dieses nachzuholen. Diese Sammlung
wurde über Jahre hinweg zusammengetragen
und auch durch Suchabfragen im Internet,
bei anderen Kollegen und aus Zeitschriften
ergänzt. Diese kleine Sammlung erhebt keinen
Anspruch auf Vollständigkeit; weitere Witze
werden für einen späteren Nachdruck
dankend angenommen.

Konrad Wildner

Meisterklasse

Die Schüler in der Meisterklasse
bewarfen sich mit Kleistermasse.
Und aus dem ganzen Massenkleister
erhob sich dann der Klassenmeister.

Erholung

Es fragte der Kollege: „Wie war's im Urlaub?"

„Genau wie bei der Kaminreinigung. Man stand herum, tat nichts und wartete auf das Mittagessen."

Finanzamt

Stürzt ein Schornsteinfeger ins Finanzamt:
„Ich möchte sofort denjenigen sprechen, der meine
Steuererklärung bearbeitet hat!"
„Sind Sie denn geladen?"
„Und wiiiiiiiiiie!"

Rechnen mit Computern

Der Lehrer zur Meisterklasse:
„Heute rechnen wir zum erstenmal mit
Computern.
Also Hans, wieviel sind zwei Computer
plus drei Computer?"

Verrückter Meister

Im Haus ist ein schwerer Fehler passiert.
Daraufhin meint der Meister vorwurfsvoll
zu seinem Mitarbeiter: „Sind nun Sie
verrückt, oder bin ich es?"
„Aber Meister, ein Mann wie Sie wird doch
keine verrückten Mitarbeiter beschäftigen ..."

Kündigung

Fragt der Geselle den Meister:
„Warum wollen Sie mich denn entlassen?
Ich habe doch nichts getan."
„Eben deshalb."

Der Herr im Haus

Kommt ein Mann in die Bücherei und
fragt die Verkäuferin:
„Wo finde ich bitte das Buch
„Der Mann - der Herr im Haus?"
Darauf die Verkäuferin: „Da müssen Sie
mal in der Märchenabteilung nachfragen!"

Erben

Der Meister spricht seinen Gesellen an. „Ich
höre, daß Sie in der letzten Nacht einen Erben
bekommen haben?" fragt er teilnahmsvoll.
Der Geselle zuckt mit der Schulter und meint:
„Bei meinem Gehalt, Meister, bekommt man
keinen Erben – nur Kinder ..."

Oma an der Tür

Klingelt ein Schornsteinfeger an eine Tür,
eine alte Oma, mit einem langen schwarzen
Kleid öffnet.
Sie mustert den Schornsteinfeger,
zieht etwas ihren Ausschnitt herunter und hat
auf der runzligen Brust einen Frosch tätowiert.
Sie sagt: „Wenn Du errätst, was das für ein
Tier ist, darfst Du mit mir ins Bett!"
Schornsteinfeger: „Das ist ein Elefant!"
Alte: „Naja, das können wir gerade noch
so gelten lassen!"

Frauenfeindlich

Warum sollten Frauen keine
Schornsteinfeger werden?
Weil Sie kein Glück bringen.

Pünktlichkeit

"Um 7 Uhr hättest du hier sein sollen!"
- knurrt der Meister seinen Gesellen an:
"Wieso, war was Besonderes los?"

Rechenaufgabe

Eine Fabrik hat drei Schornsteine, der erste
ist 25m hoch, der zweite ist doppelt so hoch
und der dritte 75m, was kommt dabei heraus?
Rauch natürlich.

Auslaufmodell

Kaminfeger Müller beschwert sich beim
Autohändler:
„Der neue Wagen verliert Wasser und es
läuft eine Menge Oel aus."
Der Verkäufer:
„Aber ich sagte Ihnen doch, dass das
Auto ein Auslaufmodell ist!"

Kurze Leiter

Ruft eine Frau aufgeregt bei der Feuerwehr an:
„Bitte kommen sie schnell, ein schwarzer Mann
versucht, bei mir mit einer Leiter einzusteigen."
„Aber hier ist die Feuerwehr.
Sie sollten die Polizei rufen!" „Nein, ist schon
richtig, die Leiter ist zu kurz!"

Heiratsanzeige

Die jungfräulich-schrullige Kunigunde bekommt eines Tages Anwandlungen nach einem Mann. Sie inseriert in der Zeitung: „Dame reiferen Alters sehnt sich nach Wärme und Geborgenheit." Nach einer Woche wird sie von ihrer neugierigen Freundin gefragt: „Jetzt sage mir doch, wieviel Zuschriften hast du bekommen?" Da winkt die Heiratswillige resigniert ab. „Nur zwei. Ein Ofensetzer hat mir einen Prospekt geschickt, und ein Kaminfeger seinen Besuch angesagt!"

Kehrbesen

Ein Mann kommt etwas später,
leicht angeheitert, nach Hause.
Seine Frau steht mit dem Besen
hinter der Türe. Er fragt: „Ja,
Schatz, was machst du denn mit
dem Besen um diese Zeit? Kehrst
du zusammen - oder fliegst du fort?"

Anrede

Klaus hat seine Lehrzeit hinter sich.
Der Schornsteinfegermeister hält ihm
eine Rede: „Lieber Klaus, ab heute sage
ich nicht mehr du zu dir. Und den Russ
brauchst du auch nicht mehr
zusammenfegen. Das machen jetzt **Sie ...**"

Geheimsache

„Schreiben Sie bitte *„Wichtig - unbedingt lesen!*
ganz groß außen drauf, Fräulein Bechler";
bittet der Innungsmeister seine Mitarbeiterin.
"Ich möchte, daß alle in der Versammlung
informiert sind." – Antwort: „Dann ist es
besser wenn man draufschreibt
„Geheimsache, streng vertraulich! ..."

Privatgespräche

Der Chef raunzt seine Sekretärin an: „Ich verbitte mir Ihre ständigen Privatgespräche! Dauernd ist die Leitung blockiert! Das geht so nicht!" - „Aber Chef, das sind doch alles Dienstgespräche." - „Gut, ich will's Ihnen glauben. Aber dann verbitte ich mir ganz energisch, daß Sie unsere Kunden mit Liebling, Schnucki und Scheißerle anreden!"

Säumiger Zahler

Der Meister schickt seinen Lehrling, Geld
bei einem säumigen Kunden abzuholen.
„Herr Meier, ich soll erst weggehen, wenn
Sie bezahlt haben." - „Hast du denn große
Ferien, mein Junge?"

Klassentreffen

Nach einigen Jahren beim Klassentreffen
fragt der Lehrer einen seiner ehemaligen
Meisterschüler: „Na, du bist doch der Hans,
wie geht es dir, bist du auch verheiratet?" -
„ Ja, ich habe sieben Kinder." - So warst
Du schon immer - sehr fleißig, aber
aufgepasst hast Du nie."

Kleiner Garten

„Meister, kann ich bitte einige Tage Urlaub
für die Gartenarbeit bekommen?" - „Aber Ihr
Kollege Meier hat mir erzählt, dass Sie gar
keinen Garten haben" – „So? ‚dann muß ihn
jemand von meinem Fensterbrett gestohlen
haben."

Meinungsaustausch

Im Vorzimmer des Chefs wird die Sekretärin
gefragt, ob sie wisse, was ein Meinungsaustausch wäre. Sie antwortet sofort:
„Meinungsaustausch sei, wenn ein Besucher
mit einer eigenen Meinung in´s Chefzimmer
geht, und mit der Meinung des Chefs
wieder herauskommt."

Krankmeldung

Kommt der Geselle nach längerer
Krankheit wieder in den Betrieb
und wird vom Meister begrüßt:
„Na, Meier, wie geht´s denn?"
Darauf der Mitarbeiter: „Sehr gut,
ich hab mir ja den Fuß gebrochen -
aber jetzt kann ich besser laufen als
vorher". „Na prima", meint der Chef,
"da fehlt Ihnen ja nur noch ein
Schädelbasisbruch ..."

Kündigungstermin

Geselle Anton frägt Bruno. „Was ist der Unterschied zwischen dem Knast und unserem Betrieb?"
Bruno: „Keine Ahnung!"
Anton: „Ganz einfach: Im Knast weißt Du wenigstens .... WANN Du entlassen wirst!"

Sprachschwierigkeiten

Ein Kaminfeger hat einen neuen ausländischen Gesellen. Da er auf dem Dach im sechsten Stock zu fegen hat, macht der Meister mit seinem Gesellen eine Zeichensprache aus. Alles läuft nach Plan. Immer wenn der Meister auf dem Dach winkt, schickt der Geselle mit einem Seil die benötigten Werkzeuge nach oben. Auf einmal winkt der Meister stop und der Geselle guckt nach oben. Dann zeigt der Meister mit seiner Hand eine eins, danach eine zwei und formt anschließend die Arme über dem Kopf zu einem Dach. Der Geselle schaut hoch, hält sich erst die Hände seitlich an die Augen (wie Scheuklappen), dann hält er sie zu und schließlich seitlich, zu Hörnern geformt, an den Kopf. Der Meister stutzt und denkt, ist der blöd, wir haben doch die Zeichensprache vorher besprochen. Also noch einmal. Der Meister mit seiner Hand eine eins, danach eine zwei und formt anschließend die Arme über dem Kopf zu einem Dach. Woraufhin der Gehilfe seine Zeichen wiederholt. Der ist wirklich zu blöd, denkt der Meister, muss ich doch wirklich nach unten rennen. Unten angekommen, regt er sich fürchterlich auf: „Was ist denn blos los?. Ich hab Dir doch alles genau erklärt! Ich will in einer Minute zwei Flaschen Bier aufs Dach!" Sagt der Geselle: „Is klar Cheffe. Ich haben verstanden und gefragt, was wollen Du haben: Hellbier, Dunkelbier oder Bockbier ...?"

Gute Geschäfte

Geselle fragt den Meister, was ein
gutes Geschäft wäre.
"Ein Geschäft war erst dann ein gutes
Geschäft, wenn man dem Finanzamt
nachweisen kann, dass es kein
Geschäft war".

Reklamation

„Da gratuliere ich aber", lächelte die
Verkäuferin vom Baumarkt.
„Sie sind der erste Kaminfeger, der
sich über eine gebrochene Leiter
beschwert."

Schlechte Sicht

Der Geselle und der Lehrling unterhalten
sich: „Du", sagt der eine, „siehst Du da auf
dem Kamin eine Mücke sitzen?"
„Nein, ich kann keine erkennen!"
die Sicht ist heute zu schlecht!"

Meisterwitz

Der Meister erzählt einen Witz und alle Mitarbeiter biegen sich vor lachen - nur ein Geselle nicht. „Sage einmal hast Du denn überhaupt keinen Sinn für Humor?" fragt deshalb ein Kollege neben ihm. „Doch, schon, aber ich habe bereits gekündigt!"

Sonntagsarbeit

Sonntags arbeitet Kaminfeger Meier auf dem Dach. Da kommt der Pfarrer vorbei und ermahnt ihn: „Wissen Sie nicht, dass der Herr die Welt in sechs Tagen erschaffen und am siebten Tage ruhte?" – "Das weiß ich, aber der Herr war fertig, und ich bin's noch nicht!"

Spätheim-Kehrer

Kaminkehrer Durstig schimpft mit seiner kleinen Tochter: "Warum hast du denn Deiner Mutti erzählt, wann ich nach Hause gekommen bin?" – „Hab ich doch gar nicht", berichtigt die Kleine. „Ich habe nur gesagt, dass ich nicht auf die Uhr geguckt hätte, weil ich gerade beim Frühstück war!"

Terminsache

„Sind Sie die Frau Müller, bei der ich den
Kamin fegen soll?" fragt der Kaminfeger.
„Das ist ja schön, daß Sie endlich kommen.
Seit zwei Wochen rufe ich täglich bei
Ihnen an!" „Seit zwei Wochen? Dann bin
ich wohl falsch bei Ihnen. Ich soll zu einer
Frau Müller, die schon seit 4 Wochen
anruft!"

Kopf oder Zahl

Drei Schornsteinfeger-Lehrlinge unterhalten
sich auf dem Heimweg von der Schule:
„Was wollen wir heute noch machen?" –
Laßt uns doch eine Münze werfen. Bei Kopf
gehen wir ins Kino, und bei Zahl schwimmen."
„Prima Idee", antwortet der„ „Und wenn die
Münze auf der Kante stehen bleibt, dann
machen wir unsere Hausaufgaben."

Gut aufgehoben

Der Meister frägt seinen neuen Gesellen:
„Haben Sie eigentlich Kinder?" –
„Ja, drei Jungen und zwei Mädchen." –
„Donnerwetter, dann ist bei Ihnen zu
Hause ja einiges los?" – Aber nein, die
wohnen doch alle bei Ihren Müttern ..."

Strenger Meister

Meier kommt mit einer Bitte zum Meister. Doch der winkt ganz energisch ab: „Nein, ich kann Ihnen beim besten Willen nicht freigeben. Wenn ich jetzt nachgebe, dann will in Zukunft jeder, der Vierlinge bekommten hat, Sonderurlaub haben!"

Etwas peinlich

Zerknirscht kommt Meister Walter nach Hause. „Was ist los, mein Liebling? Ärger gehabt?", will seine Frau wissen. Er antwortet etwas verstört. „Ich habe bloß aus Spaß den Eignungstest für Lehrlinge gemacht. Nun bin ich froh, dass ich bereits Meister bin!"

Computerspezialist

"Hauptsache, der Computer arbeitet wieder!"
–„Wo saß denn der Defekt?" – „Nun ja, es
war ein Fehler in der zentralen Hauptenergie-
versorgung!" „Donnerwetter, Meister", mischt
sich der Geselle ein, das war die beste
Umschreibung für einen nicht angeschlossenen
Stecker, die ich je gehört habe."

EURO

Vor der Einführung des Euro jammert
Die Kundin dem Kaminfeger beim
Bezahlen der Gebühr vor: „Alles ist
teurer geworden, da kommt man kaum
noch mit dem Geld aus." –
„Das wird sich bald ändern, meine
Dame! Bald kommt der Euro, dann
kostet alles nur noch die Hälfte!"

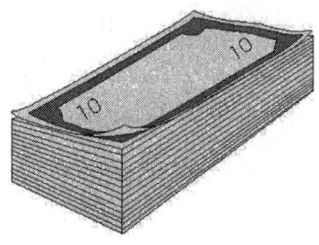

Mahnung

Der Meister fragt seine Frau: „Ist seit unserer Mahnung bei Fa. Maier etwas eingegangen?" -"Ja, die Firma Maier!"

Arbeitsauffassung

"Meister, was versteht man eigentlich unter oberflächlicher Arbeit?" – Das bedeutet, wenn ich auf das Dach steige und die Leiter zu kurz ist."

Verheiratete Männer

Fragt der Bewerber den Meister:
„Warum ist es bei Ihnen Bedingung,
daß ich verheiratet bin?" -"Ganz
einfach, verheiratete Männer reagieren
nicht so empfindlich, wenn man sie
anbrüllt!"

Heiratsvermittlung

Kundin in der Heiratsvermittlung: „Ich
suche einen Mann in gehobener Stellung
und mit guten Aussichten!" - „Wir hätten
da einen Kaminfeger"

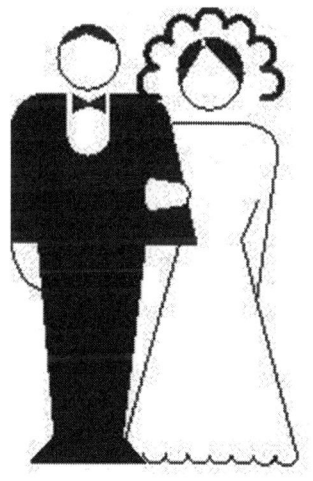

Rechengenie

Stolz kommt der Lehrling zum Meister:
„Hier ist die Gebühren-Rechnung, ich
habe Sie fünfmal überprüft." – „Prima,
daß Du so fleißig bist!" – "Und hier ist
der Zettel mit den verschiedenen
Ergebnissen."

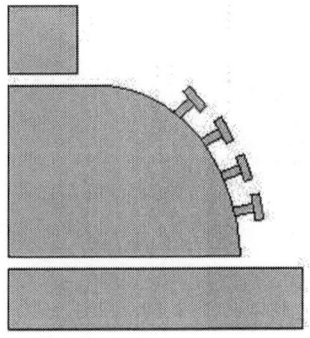

Menschlicher Computer

Sagt die Frau des Meisters zu Ihrem Mann. "Dein neuer Computer hat schon richtige menschliche Züge!" – Wenn er einen Fehler macht, schiebt er die Schuld auf einen anderen Computer".

Mitdenken

Heini hat seine Lehrstelle angetreten.
Der Meister lässt seine jüngste Kraft
kommen. „Was ich von dir erwarte, ist
dies: du musst selbst sehen, wo etwas
fehlt, und wo was nötig ist. Ich mag es
nicht, wenn ich meine Leute immer
mit der Nase auf alles stossen muss.
Verstanden?" „Ja", nickt Heini," soll
ich Ihnen mal gleich ein sauberes
Oberhemd besorgen, Meister?"

Gedanken

Was denkt ein Schornsteinfeger wenn
er über den Zebrastreifen geht?
„Man sieht mich, man sieht mich nicht,
man sieht mich, man sieht mich nicht ...

Wahrheit

"Meister, ist wirklich wahr, dass Sie
von Ihren Mitarbeitern erwarten, dass
sie Ihnen die Wahrheit sagen, Sie Ekel?"

Müde

Lehrling Heiner ist bei der Arbeit
eingeschlafen.
So entdeckt Ihn der Meister.
"Das ist ja unglaublich! Du verdienst
bei mir nicht dein Geld im Schlaf!"
Aber Meister, Sie haben doch vorhin
gesagt, die Angelegenheit mit dem
Bauherrn wollen wir noch einmal
überschlafen!"

Ausgeschlafen

"Haben Sie an diesem Sonntag was vor?"
sagt der lächelnde Meister zu seiner
Gesellin. "Nein ...", sagt sie erwartungsvoll.
"Dann haben Sie diesmal ja keinen Grund,
am Montag wieder zu spät zur Arbeit zu
kommen".

Sprüche

Was ist außen schwarz und innen grün?
Ein Schornsteinfeger der Spinat
gegessen hat

Alle Schornsteinfeger sind Schwarzarbeiter

Die letzten Worte eines Schornsteinfegers:
„Hust, Ich seh nichts mehr ... ."

Die Schornsteinfeger sind sonderbare Leut:
Sie kratzen, wo sie's nicht beißt

„Er kehrt nie wieder" (Inschrift auf dem
Grabstein eines Schornsteinfegers)

„Ist ein Schornstein eher aufgebaut als
abgerissen? Aufgebaut, sonst könnte man
ihn nicht abreißen"

„Mir wird schwarz vor Augen", sagte die
Köchin. Da küßte sie den Schornsteinfeger

"Ich versteh nicht, warum mein Bett so
dreckig ist", hat der Schornsteinfeger gesagt,
"Ich wasch mich doch jeden Morgen"

Raucht im Juli der Schornstein sehr, kommt
das meist vom Ofen her

Was ist schwarz und weiß und überall rot?
Der Weihnachtsmann, nachdem er den
Schornstein runtergerutscht ist

Was ist, wenn der Schornsteinfeger in den
Schnee fällt? Winter

Was sagt der große Schornstein zum
kleinen Schornstein? „Du bist noch zu jung
zum Rauchen!"

Wer mit dem Schornsteinfeger tanzt wird
leicht schwarz

„Wir verdienen unser Geld leicht, wir, die
wir schwarze Kleider tragen", sagte der
Schornsteinfeger zum Pfarrer."

Der Schornsteinfeger arbeitet bis er
schwarz wird.

Ansporn

Der Meister spricht zu seinem
Gesellen:
"Sie sehen in den letzten Tagen
so überarbeitet aus. Machen Sie
weiter so."

Rechtschreibung

Schreit der Schornsteinfegermeister seine
Frau an, seit wann wird denn „physikalisch"
mit „f" geschrieben?" Klagt „ Was kann ich
dafür, daß am Computer das „v" kaputt ist ..."

Quellennachweis: